앵두가 쥐여준 씨앗 한 되

사윤수 시집

시인동네 시인선 269

사윤수 시집

앵두가 쥐여준 씨앗 한 되

시인동네

시인의 말

창가에 책걸상을 바짝 붙여놓았다. 저만치 야산과 동화천 풍경을 보기 위해서이다. 천변에는 가끔 고라니 소리 울리고 새들이 날아와 노닌다. 에돌며 많은 것을 지불하고 겨우 얻은 한 뼘 창가이다. 그럼에도 세상의 비극을 생각하면 한 뼘조차 써늘하니, 그저 모든 것 시의 손길에 맡긴다.

2026년 1월
사윤수

차례

시인의 말

제1부

수국은 누구의 눈매라고 해야 할까 · 13
웃는 먼지 · 14
속도의 후예 · 16
밤 강물 흘러가는 소리 · 19
내일은 말이 없고 · 20
없는 바깥 · 22
폭우 · 24
폐가의 노래 · 26
수보리 · 28
까몽이스 광장 · 30
호카곶 · 32
시가 너에게 · 34
종이의 노래 · 36

제2부

검은 두부 · 39

고독한 대출 · 40

버즘나무 아래서 · 42

단골과 목어 · 44

슬픔 한 포대 · 45

장면들 · 46

고요를 연주하다 · 48

식용의 시 · 50

참꽃의 까닭 · 51

숯을 굽다 · 52

이희(李喜) · 54

11월의 모감주나무 · 56

옹기를 굽다 · 58

제3부

담쟁이는 동물성일까 · 61
프리지어 해변 · 62
연경 추성부(硏經秋聲賦) · 64
새가 돌아오다 · 66
흰무늬애저녁나방 · 68
밤이면 소리 내어 우는 물고기 · 70
구월의 새 · 72
숙다방 · 73
한 소솜 빗줄기가 지붕을 때리며 지나가는 밤 · 76
흔들 그네 · 78
인간의 강 · 80
사람의 시절 · 82
꽃의 행로 · 83
등대 · 84

제4부

태초의 봄날 · 87

불로고분군(不老古墳群) · 88

자작나무의 세계 · 90

자두나무 빨래판 · 92

이별에 대하여 · 94

겨울은 상여처럼 · 95

바깥이 밤의 안쪽을 흔들어 · 96

부처는 이모의 장례를 치르고 · 98

반가사유 토르소 · 100

비의 계절 · 102

해 · 104

봄의 증명서 · 106

해설 무지개 건너에는 꽃다발이…… · 107
장정일(시인)

제1부

수국은 누구의 눈매라고 해야 할까

현무암 담장 곁에 만발한 파도는 수국(水國)에서 수국(水菊)으로 건너온 유월이다 오면서 흩어지고 남은 꽃잎의 안팎을 누구의 눈매라고 해야 할까 수국은 나비의 씨앗까지 품고 있었는지 저리 흰나비 떼 피웠다 그리고도 오종종 쑤국쑤국 부풀어 제주어를 발음하고 저희들끼리 둥근 귓속말을 한다 꽃도 무거울 땐 휘어져, 흰 꽃숭어리들은 순한 개가 새끼를 낳은 거 같고 몽실몽실 흰둥이 열댓 마리쯤 낳은 거 같고 수국은 젖이 퉁퉁 불은 포유류 같다 다정히 안아보려 하자 나비 떼 화르르르 날아오르는데 내게 잠시 맺혔다 떠난 일들은 모두 수국(水國)에서 온 꿈결이라, 수국(水菊)은 질 때 거품처럼 사라지곤 했다

웃는 먼지

10^{-4} 사(絲)는 가는 실이다
10^{-7} 섬(纖)은 실보다 가늘다
시간의 섬섬옥수라 할까

10^{-9}을 진(塵)이라 한다 진은 티끌,
티끌 같은 세상이거나 세상 같은 티끌이거나
티끌에도 이목구비가 있다

10^{-10} 애(埃)를 흙먼지라 한다
흙먼지에도 오장육부가 있다
막무가내 바람 불면 애가 눈에 들어오고 눈물 나지
먼지 한 알에도 앞이 캄캄 꼼짝 못 하지

10^{-15} 수유(須臾)는 손가락 한 번 퉁기는 시간
10^{-16} 순식(瞬息)은 눈 한번 깜빡이고 숨 한번 쉬는 시간
어이쿠, 순식간에 거북이 한 마리 지나갔네

10^{-18} 찰나(刹那)가 여기에 숨어 있다

순간이 극에 달한 시간
칼에 명주실이 끊어지는 순간이라고 한다
질긴 명주실도 찰나를 이길 수는 없나 봐

10^{-20}을 허공(虛空)이라 하는 줄 몰랐어
짧아서 잡을 수 없고 작아서 보이지 않는,
모양도 빛도 없고
기쁨도 눈물도 없는 세계라는군

10^{-21}을 청정(淸淨)이라 하는 줄도 미처 몰랐어
한 점 티끌조차 없이
시간이 시간을 벗어버린 청정무구
무구정광다라니경인가 봐

너는 조금 크거나 작은 먼지
먼지 하나에도 희로애락이 있어
나는 울거나 웃는 먼지이지
작고도 큰 허공을 꿈인 듯 떠도는,

속도의 후예

이 가계는 족보가 없다 그 자체로 기원이거나 후손이다 길짐승의 암수 빈모(牝牡) 날짐승의 암수 자웅(雌雄), 속도에도 이 염색체가 있을까

*삼억 구천오백만 년 전 마침내 물고기 한 마리가 밀짚모자를 쓰고** 비칠거리며 걸어온 속도

뉴호라이즌스호가 시속 50,000km로 우주를 날아갈 때, 주소 한 장 들고 9년 반 동안 검은 고독 속을, 멈출 수 없고, 돌아올 수 없고, 영하 280°에 잠들어 있는 명왕성을 향해 필사적으로 날아간 속도

*쉬지 않고 혀와 입술을 움직이는 인간의 속도, 말하는 것은 곧 잃는 것이다. 밤의 동굴과 동물의 주둥이와 인간의 입은 같은 것이다.***

속도의 사상가 폴 비릴리오는 인류/문명의 질주/폭주를 경계/비판했다

*시간은 산에서 빨리, 평지에서는 느린 속도로 흐른다. 산이 지구의 중심과 좀 더 멀리 떨어져 있기 때문이다.****

당신 없이 혼자 잠들 때 멀리 차들이 달리는 속도, 잠 못 드는 속도, 새벽 예불 종소리가 법계에 울려 퍼지는 속도, 차들이 다시 새벽 국도를 달리는 속도, 당신과 내가 안개 속에 갇히고 안개 속으로 사라져 돌아오지 않는 속도, 당신이라는 죽비가 나를 내리치는 속도

붓다여, 제가 평생 이와 같이 들은 것은 무엇입니까 들은 것이 있기는 합니까 내 귀가 멀었습니까 썩었습니까 나의 속도는 뒤로 갔나요 아니면 나의 속도는 누추했나요 나는 바람과 연꽃과 무소뿔의 속도를 따라갈 수 있을까요 그 속도를 잊고 뿔조차 없는 속도가 될 수 있을까요

속도는 동사인가, 추상명사인가

*일상화하기에는 비현실적인, 일련의 다치기 쉬운 배열, 모든 것이 아프도록 제자리에 정렬된 곳에서, 뿌리가 돋아나는 숟가락*****의 속도

부서지고 깨지고 불타버린 속도가 있다 어떤 속도는 주저앉았고 어떤 속도는 앞서갔다

속도의 바깥에는 무엇이 있는가

밀짚모자를 쓰고
돌개바람 속에서 쇠잔한 숨을 헐떡이는
한 마리 물고기, 나는

---

* 로렌 아이슬리, 『광대한 여행』, 김현구 옮김, 강, 2005.
** 파스칼 키냐르, 『음악 혐오』, 김유진 옮김, Franz, 2019.
*** 카를로 로벨리, 『시간은 흐르지 않는다』, 이중원 옮김, 쌤앤파커스, 2019.
**** 『공기와 물-양혜규에 관한 글 모음 2001~2020』, MMCA, 2020. —책 속의 작품 이름들.

밤 강물 흘러가는 소리

장마 폭우에 무엇이 산 채로 떠내려가는지 모를 강물 소리로 흘러가는, 무엇이 죽어 물속에 강물 소리로 묻혀 가는지 모를, 나무와 꽃과 돌 어떤 어린 것과 부서진 것들이 물속에 쓸려 강물 소리로 흘러가는, 서른아홉 가지 약재를 넣고 탕약을 끓이듯 울음이 섞이고 비명이 섞이고 아우성이거나 실험 음악이거나 한 폭에 휩쓸려 흘러가는 강물은 돌아올 수 없는 불구(不具), 포효하며 몸부림치는 저 잡식성에도 무슨 짐승의 이름을 붙여주어야 하리라

어둠에 누워 밤이 새도록
강물 흘러가는 소리를 듣는,
귓전에 차오르는 비창(悲愴)

내일은 말이 없고

당신은 내일에 가보셨나요
내일의 주소는 몇 번지지요

어떻게 하면 내일에 가볼 수 있죠
밤을 지새우고 나가보니 문 앞에 내일이 없네요
내일이 달아났나요

나는 내일에 대한 비전문가입니다
나는 기다림의 불구자,
기쁨이 오면 낯설고 맞이하는 데 서툴러요
행복을 만나면 어색하고 부끄러워
소리 내어 웃지도 못합니다
그 사이에 고난이 또 업그레이드되었군요

주문하지 않았는데
불안한 요리 한 접시가 나왔어요
결제하지 않았는데
입체적인 긴장 한 박스가 착불로 왔네요

누가 보냈을까요 내일이 시킨 걸까요

내일은 와도 걱정 안 와도 문제입니다
어떤 이는 오늘만 생각하라 하고
어떤 이는 내일도 생각해야지, 라고 합니다

오래된 내일
불멸의 내일

내일을 찾아 떠난 사람들은 어디에 있나요
내일은 오늘의 이 모든 일을 알까요
오늘로 건너올 수 없는 내일이
무지개 건너에서 꽃다발을 들고 서 있습니다

없는 바깥

바깥은 언제나 나가야 하는 곳인 줄 알았지
안 나가면 큰일 나는 줄 알았지

바깥에는 무엇이 있을까

그러고 보니 바깥에 나가 다닌 지도 꽤 오래되었군

저토록 크고 넓은 바깥은 누구를 안아주지?

아무것도 찾지 못하고 가져오지 못한 날
때로는 바깥에서 겨우 빠져나오기도 해

바깥에서는
어슬렁거리기만 해도 비용이 들 때가 있어
어느 바깥도 공짜는 없지
한껏 치장을 하고 나가서는 들이받히고 넘어지곤
부서진 심장,

심장의 위치에서는 손가락도 바깥

바깥이 따라 들어오지 못하게 문을 잠갔어

창밖을 보다가 김치찌개를 태웠지
단풍이 끓어 넘쳐 검붉은 단풍이 한 냄비야
숯검정이 된 계절

바깥의 바깥에 바깥이 쏟아진다
떼어낼 수, 없는 바깥
바꿀 수 없는 먼 길이 생겼다

폭우

비가 이 세상에 올 때
얼마나 무작정 오는지 비에게 물어볼 수 없고
모르긴 해도 빈 몸으로 오는 건 분명하다
그런데 오면서 생각하니 급했던지
다 와서는 냅다 세상의 가슴팍을 때리고 걷어차고
다그친다 무엇을 내놓으라고 저렇게 퍼붓나
내가 비의 애인을 숨긴 것도 아닌데
쏟아붓는다 들이친다
하다가 안 되니까 제 몸을 마구 패대기친다

어쨌든 들어오시라
나는 수문을 열고 비의 울음을 모신다
비의 물고기들이 물밀 듯 밀려들어 온다
방 안 가득히 차오르는 빗소리
인사불성 표류하는 비의 구절들

비는 이미 만취가 되었으므로
비가 들려주는 시, 비가 부르는 노래를

나는 알아들을 수 없다
다만, 그래 그래 알았어 그래 괜찮아
하면서 달랜다 비의 등을 다독인다
그새 얼마나 울었는지 비의 눈이 퉁퉁 부었다

밤낮을 바꾸어 추적추적 지친 음성으로 내리던
비가 차츰차츰 멎나 보다
비는 멈출 때 느리고 무겁고 흐느끼는 소리를 낸다
젊은 비는 저런 구음을 낼 수 없으리라
비도 마지막엔 늙는가
죽은 저 빗소리들 내 곁을 떠돈다

폐가의 노래

나는 생애 동안 집 밖을 나가본 적이 없다
웃음의 발자국과 긴 그림자들 모두 떠나가고
집은 집을 떠날 수 없으므로, 나는
오래전 혼자 남겨졌다

비바람에 몸을 맡겼으나
아직 완전한 소멸에 이르지 못한

눈은 짓물러 얼굴을 알아볼 수 없게 되었고
무릎이 부서지고 여러 군데 뼈가 튀어나왔는데
내가 무너지는 그 순간과 찰나를
본 사람이 아무도 없다
나도 내가 언제 조금씩 주저앉았는지 알지 못한다

허리 굽은 복숭아나무 한 그루가
내게 기대어 있다
해마다 복사꽃이 찾아와
나의 신열을 짚어본다

나는 꽃처럼 다시 피지 못하니까
이제 집의 집, 우주(宇宙)로 돌아가는 길이다
한 번도 집을 가져본 적 없는 집이
집을 비우고 있는 중이다

수보리

수보리라는 글자는 쉽게 읽힌다
글자 속에 시냇물 흘러가는 소리가 난다
흘러가다 다 닳고 떨어졌을까
세 음절에 받침이 하나도 없다

수보리 속에는 푸른 보리가 있고
나 시집가고 없을 때
혼자 많이 울어야 했던 동생 이름이 있고

크고 순하고 착했으나
어쩔 수 없이 팔려간 강아지 이름 보리가 있고

수보리 속에는
보리수가 있고

어진 스승이 수보리야, 하고 부를 때면
기수급고독원* 숲의
보리수 잎들이 은총처럼 아롱아롱 빛났을까

내가 공(空)을 모르기에
잔물결처럼 내내 불러보고 싶다
받침도 탁음도 없이 텅 비고 맑아서
이름 하나로 경전이 되는

수보리시여!

---

*부처가 불법을 전하던 숲.

까몽이스 광장
—리스본 시편

동상 위로 비둘기들이 날아오른다
누가 저 높은 곳까지 올라가
검은 안대를 씌워놓았나

1547년 북아프리카 전투에서 오른쪽 눈을 잃었고 메콩강에서 조난을 당해, 떠내려가는 애인을 붙잡지 못하고 자신의 원고를 한 손에 든 채 헤엄쳐 나온 포르투갈의 민족 시인 루이스 드 까몽이스

광장엔 저마다 앉았거나 누웠거나
노래하며 춤추며 밤낮
시인의 영혼 아래 시끌벅적하다

길을 따라 내려가면
맥줏집, 에그타르트, 기념품 가게가 즐비하고
여행객들이 북적이는 노천 커피숍엔
음유시인 페르난두 페소아가 태연히 앉아 있다, 그는
시는 더 차가울수록 더 진실하다고 썼다

나는 오로지 이 풍경을 보기 위해
마지막 금붙이를 팔아 여기까지 왔다

유유한 테주강 바람 불어와
자카란다 꽃숭어리들이 허공에 나부끼는 리스보아의 유월
여기서부터 비애가 끝나고 자유가 시작된다*

밤이 오면
격랑의 목청을 뽑는
파두 라이브를 오래도록 들으리라

---

* '여기서부터 땅이 끝나고 바다가 시작된다'는 까몽이스의 시구 변용.

호카곶*

— 리스본 시편

와보지 않아도 될 줄 알면서 왔습니다

바다와 등대뿐인 줄 알면서도 와보고 싶었습니다

시든 자국을 보니

지나간 오월엔

노란 칼잎막사국꽃이 이곳을 뒤덮었겠군요

꿈만 같았겠군요

끝까지 가본다는 것

끝에서는

돌아가지 않거나

되돌아가는 길뿐이겠지요

그럴 줄 알면서도 끝까지 가보고 싶었지요

이곳 기념품 가게에는 팔지 않는

끝이라는 말

당신처럼 참 칼 같고 끝스럽고

깨끗,

합니다

---

*포르투갈에 있는 유라시아 대륙 최서단 곶.

시가 너에게

시가 네 더운 이마를 짚어주네
시가 네 마른 입술을 적셔주네

바람 전 몸을 빌고 달빛 전 살을 빌어왔을 제
앵두가 쥐여준 슬픈 씨앗 한 되와
눈물 석 동이가 너의 시였지

파도 골짜기를 넘어 먼 바다로 떠나
돌아오지 못할 2월이 너의 시였지

강대나무 진대나무 숲을 지나
앞 강물 뒤 강물 나명들명 깨어진 무릎이
고래 핏물 같은 저 노을을 닮아 너의 시였지

걷다가 넘어진 길을 다 걸어
십만 양병 밤 개구리 소리와 소쩍새 울음에 젖는
귀 농사 삼백 섬이 이제 너의 시인가

안개와 구름과 달과
불꽃의 살을 바르고 뼈를 고아
시가 네게 밥상을 차려주네

여윈 잠 뒤척이며
눈 내리는 밤을 헤아릴 때

시가 네 영혼의 양말을 깁다가
네 언어의 시루에 물을 주다가
곤한 듯 졸고 있네 촛불처럼 자리끼처럼

네 머리맡에 앉아 고요히 꾸벅꾸벅이네

종이의 노래

명사십리 백사장 A4 용지에 새 발자국이 어지러이 찍혀 있다 내가 썼지만 아무리 봐도 상형문자는 뜻이 없어 모래처럼 흘러내렸다 나는 또 종이를 구긴다 하얗게 질리며 일그러지는 신음이 종이의 갈비뼈와 애간장에서 배어 나온다 쓰레기통에 휙 던져 넣자 꿈틀거리는 저 흰 덩이, 경련한다 접질린 관절을 펴보려 안간힘을 뒤튼다 종이는 종이가 되기 전 나무였을 때, 바람에 흔들리던 기억을 불러 제 몸을 마지막으로 흔들어보려는 걸까 자려고 어둠에 누웠는데 쓰레기통 속에서 종이가 한 번 더 뿌지직거린다 나는 겁이 많아 종이와 허공이 부딪치는 소리에도 놀란다 (아직도 종이의 맥박이 뛰고 있구나) 그 순간 기적이 일어난다면, 구겨진 종이는 날개를 펴고 하얀 새가 되어 구만리 장천을 날아오르겠지 깃털 같은 문장 몇 개를 내게 뽑아 주고 떠가는 티 없이 하얗고 부드러운, 우유처럼 깨끗한* 너를, 그러니까 내가 어떻게 까맣게 잊을 수 있겠는가

---

* 복사용지 광고 문구.

제2부

검은 두부

검은 두부가 온다 밤마다 온다 검은 두부를 베어 먹고 뜯어 먹고 어떤 이는 손가락 사이로 삐져나오도록 움켜쥔다 검은 두부는 다음 날 아침이 올 때 사라진다 그것은 재고가 없다 해가 뜨고 기우는 동안 어디선가 검은 두부는 다시 생겨난다 누가 검은 두부를 만드는지 낳는지, 어디서 검은 두부가 자라는지 누구도 모를 일 검은 두부는 또 베어 먹히고 뜯어 먹힌다 누구든 검은 두부를 먹지 않을 수 없다 잠든 것들의 눈으로 콧구멍 속으로 검은 두부가 들어간다 죽은 것들의 입속에도 검은 두부가 가득 차 있다 누가 적게 먹든 많이 먹든 검은 두부는 남거나 모자라는 일이 없다 아무도 자기가 검은 두부를 먹은 줄 모르고, 서로 묻지 않는다 저물녘 흙바람 불 때 눈물이 맺히는, 잊지 못할 누구를, 찾아야 할 무엇이 있어 검은 두부는 오는 걸까

당신은 이곳에서 검은 두부를 사거나 팔 수 있습니까

고독한 대출

먼 산비탈에 묶여 있는,

화물차 대출 4.3%
02-봄여름-가을겨울

그건 산이나 나무의 일은 아니겠지만
마을에서 살지 못해 산으로 도망갔다는
산벚나무 얘기 같네

고속도로를 달리면서
누군가 저 현수막을 보고 전화를 걸겠지
한 남자가 산벚꽃 같은 여자를 만나
그 길로 화물차 담보대출을 받고
인생의 허름한 비탈에 두 칸짜리 방도 얻어

둘은 윙바디* 날개를 저으며
사랑의 왕국을 날아다니겠네 더 높이
빠르게 북상하는 봄꽃을 따라

창밖에 귀얄무늬로 법전역이 스쳐간다
낯선 역 문이 쇠잔하게 닫혀 있다
가야 할 길과 대출금은 아직 많이 남았지만
작별이 어울리는 간이역이기에
둘 중의 한 사람이 그만
급히 역 앞에 내리고 차는 멀어지는데

목줄 짧은 개처럼
언젠가 바람에 날아가 맺힌 스카프처럼
산비탈에 묶인 저 현수막도 낡고 바스러져
산벚나무 꽃잎처럼 여릿여릿 흩날리리니

화물차 대출,
산의 화두나 비탈의 잠언은 아니겠지만
대출 중에 제일 고독한 대출이 그곳에 있었네

---

*대형 화물 트럭.

버즘나무 아래서

누군가는 저곳을 지켜야 할 책임을 부여받은 것처럼
혼자 출근하고 혼자 도장 찍는 사람이 있다
오지 않으면 안 될 의무를 짊어진 것처럼
누군가는 팔아야 할 소임을 맡은 것처럼
혼자 사장이고 혼자 직원인 사람이 있다

나물 다듬고 마늘 까고 더덕을 긁는 노파,
감자 탑을 쌓고 푸성귀를 고이며
무너지는 가지를 달래가며 얹고 또 얹는다

버즘나무 아래 CEO는
비가 와도 눈이 내려도 결근하지 않는다
비가 오면 살 부러진 우산을 어깨에 걸어 턱으로 괴고
난전 소쿠리를 가슴 쪽으로 끌어안는다
바람이 불면 바람이 불어오는 쪽을 우산으로 막는 베테랑,
손님이 끊겨도 애달픈 일 없이 무심하다
아무나 가닿을 수 없는, 먼 응시
흉내 낼 수 없다

나가라고 책상을 치우거나
명퇴는 없겠지만 그 한 사람 보이지 않는다면
그즈음이 영영 떠난 날일까
버즘나무 아래 전해오던
전설의 작은 왕국이 있었다고 누군가 말해줄까

단골과 목어

#1

아침에 눈을 뜨면 슬픔이 먼저 출근해 복무하고 있다 기쁨을 가불하고 외상으로 먹은 행복들 만기가 돌아왔다 이자가 눈덩이로 불었다 콩 몇 말을 주고 갚을 수 있을까 비애의 단골이나 전문가이고 싶은 사람은 없겠지만 참혹이 참혹하게 웃기 시작한다 슬픔의 문외한이 되어 모른 체하기가 슬퍼하지 않는 것보다 어렵다

#2

근심의 수족을 잘라 처마 끝에 달아 둔다 근심의 목어, 새가 쪼아 먹고 벌레가 갉아 먹는다 너덜너덜한 근심의 살점, 앙상한 근심의 뼈 비에 씻기고 바람이 핥아 내린다 매달린 것들은 흔들린다 근심의 핏방울이 흰 눈 위에 뚝뚝 떨어진다

슬픔 한 포대

배운 것이 슬픔이고 기껏 주워온 것도 슬픔 한 포대, 어디 내다 팔 곳 없어 가슴 마루에 던져놓고는, 불쌍해 다 버리기에도 아까워 이리저리 슬픔을 흩어놓고 쓸 만한 것들을 골라 보는데 그중에 귀한 슬픔, 다듬으면 더 이상 울지 않을 슬픔들은 골라 널어 말린 뒤 차곡차곡 싸서 깊이 넣어두고, 나중에는 어디에 넣어두었는지도 몰라 잊어버릴 때까지, 잊는 날도 오겠지 하면서

장면들

#1

칸막이 뒤에 설거짓거리가 쌓여 있다
무모하고 입체적으로

아수라장이 궁금하면
음식물 쓰레기통과 냉장고를 열어보시길

입었던 팬티 개수와
사라지는 날짜가 정비례한다
스물세 개 이십삼 일

내일 입을 팬티는 내일 생각해도 될까

가면을 쓰고 뛰쳐나갔다가
너는 언제나 이곳으로 돌아온다

오래도록 개지 않은 이부자리와

희비극의 산실, 최후의 보루로

이 장면들 속에 네가 숨어 있고 망루에서
너는 봉두난발 민얼굴로
세상을 바라보곤 한다

물고 빨고 핥으며 지나간 시간들처럼
인생은 위생적이지 않으니
더러는 어둠을 모방하지 않던가

#1-1

냄비에 철 지난 생각의 속옷들을 삶는다

고요를 연주하다*

미지의 동굴에 눈먼 고요가 산다
한 마리 고요가 비늘을 반짝이며 천천히 헤엄쳐 온다

하얀 건반 위로
검은 반음들 사이로

느린 고요가 낮은 고요의 돌 틈으로 높은 고요의 어깨 사이로
실낱같이 상승했다가 자분자분 하강하는 고요

지느러미를 흔들며 건너다닌다 고요의 움직임은 뼈가 보일 듯 맑고 야위었다

거기, 얼굴을 묻고 울고 있는 어린 고요 하나, 먼지가 풀풀 날리는 오래된 고요
모래시계처럼 내려 쌓이는,
흑백이고 무성음이고 흐린 화면이다

네 속의 고요들이 뿔뿔이 흩어져 희미하고 먼 격랑을 돌아간다 시간의 가루 속에 두 손을 묻으면 늙고 부드러운 고요가

가만히 만져진다

---

*알렉산더 크나이펠, 〈In Air Clear and Unseen, In some Exhausted Reverie〉는 수면에 가까운 고요한 음악이다.

식용의 시

파닥거리는 미꾸라지에 소금을 뿌리고 박박 치대서 끓인 추어탕을 먹고 시를 쓰고, 부화한 지 석 달 된 병아리 통닭을 먹고 시를 쓰고, 꾸물거리는 미끄러운 대가리에 못을 박아 껍질을 벗겨 구운 장어를 먹고 시를 쓰고, 토막 난 채 아우성치며 기어 나오려는 산 낙지를 먹고 시를 쓰고, 수족관 뜰채에 잡혀 나올 때 바다로 돌아가려고 몸부림치다 바닥에 떨어진 물고기 회를 먹고 시를 쓰고, 사육장 틀에 갇혀 초원을 모르는 가축들의 살점을 삶고 지지고 볶고 구워 먹고 시를 쓴다 나는 게장을 좋아한다 발버둥 치는 게가 돌아눕지 못하도록 거꾸로 쟁이고 어둠 같은 간장을 들이부어 만든 간장게장 특히 알을 가득 품은 암꽃게장을, 내가 맛난 시를 쓰게 된다면 그건 게 덕분일까 게가 게거품을 물고 웃을지도 모를 일이지만, 초식동물을 닮은 시인들이 모여앉아 우물우물 시의 가시를 뱉어낸다 왁자지껄한 주점 테이블 위에 시의 뼈다귀가 수북이 쌓인다

참꽃의 까닭

온새미로 비밀 한 아름이 왔다 암호는 사월이었다가 비슬* 이었다가, 압축 파일을 여니까 꽃의 탯줄이 풀려나오고 분홍 서책들이 화락화락 펼쳐진다 무슨 까닭이냐며 내가 화전 문장을 살짝 깨물었을 때 아, 달콤 쌉싸름한 형용사의 맛 먹을 수 있는 꽃 참꽃이라 한다 진달래라 쓰고 두견화라 부르기도 한다 분홍 무리가 아늘아늘 산자락을 번져간다 산 능선마다 분홍 해일이 인다 통째로 먹어도 되는 문장이 범람하니 저 꽃불 사태도 불멸의 고전이라 해야겠다

---

*비슬산.

숯을 굽다

베어낸 굴참나무를 수레에 실어 왔다
둥치가 튼실한 걸 보니 하늘을 이고 자랐겠구나
우듬지에 따라온 두 평 반 구름이 떠가고
가지마다 앉았던 새소리가 흩어졌다

참나무는 빈 몸이 되었다
세월을 자르고 바람을 토막 내고
잔가지와 잎은 불쏘시개로 쓸 테니 버릴 것이 없다
궁핍도 때로는 쓸모 있는 시절인 것을,
너를 구워 나를 익게 하리라

숯가마를 가득 채운 직립의 참나무에 불을 지핀다
세월이 타고 고뇌가 타고 나무의 기억들이 춤춘다
이레 여드레 꺼지지 않는 불꽃 속에서
나무는 죽고 또 죽어야 숯으로 환생할 수 있으므로
나는 오로지 맑고 희거나 검게 빛나는 덩이를 얻고자 했으
므로

한때 숯을 굽는 일은 나의 실학이 되었다
숯이 된 굴참나무는 탈 때 연기가 나지 않고 오래 탄다
너를 팔아 나는 다시 학문을 벌고 사기(史記)를 이어갔으니,
강목(綱目)의 산등성이에 가을 구름 높이 흐른다
어디선가 푸른 새소리 쉬지 않고 들려온다

---

*순암 안정복 선생이 한때 생활이 어려워 노비와 숯을 구워 판 일을 모티브로 함.

이희(李喜)

정월 설산으로 이희(李喜)*가 간다
뿌리도 꽃도 열매도 아닌
낙엽으로 태어나
나무를 맺지 못했네

북풍한설 독살설
이리 설설 저리 쓸쓸해라
아리랑 구음이
죽은 낙엽 한 장 실은 배를 메고
시간의 정문을 빠져나온다

검은 모자는 무섭고
흰 두건은 서러워
쓸모없는 말의 계절이었지

슬픔이 녹슬지 않고
슬픔이 썩지 않고
슬픔이 슬픔을 잃지 않고 꽉 잡고 있어서

내가 슬픔을 부르면
늙은 슬픔이 오래 몸을 일으켜 앉는다
슬픔의 황제가 거기에 있다

수많은 손이 한 손을 붙잡지 못하지만
북을 두드려 밀고 종을 쳐서 당기며
이희를 싣고 간다
이희, 이희가 왔다 간다

---

*고종황제 국장에 관한 희귀자료 영상 속의 고종.

11월의 모감주나무

모감주나무 가지마다
꽈리주머니 열매가 달려 있다

열매는 구릿빛 하트 모양 석 장이고 종이처럼 메마르다
구릿빛은 중세의 금속을,
섬세한 실금은 우주의 미로를 닮았다
물론 열매는 초록에서 건너온 것이다
초록 기별, 초록 노래로 번지던 때가 있었으니

단풍의 시간을 통과하는 11월,
노란 나뭇잎 사이로 촘촘한 햇살이 비집고 들어온다
어룽어룽 현기증 나는 순간이
환한 가난 같고 무균실 같다

열매 하나를 천천히 쥐어본다
빠스락빠스락 빠스스스 부서진다
작은 비명이다 마지막 숨소리다

기다림이 열려
주머니 속에 간직한 고요가 깨진다
한순간 피고 지는 소리꽃

열매 속에
염소 똥 같은 씨앗 세 개가 맺혀 있다
씨앗이 까만 눈을 반짝인다

나는 날마다 모감주나무 아래를 걸어 나가
모감주나무 아래를 걸어 돌아온다
모감주나무가 배웅하고 모감주나무가 마중하는
이 구도를
나는 친애한다

옹기를 굽다

흙의 아이여, 불 들어가네 사흘 밤낮 불이 들어갈 터이니 눈 감고 죽은 듯이 있어다오 인정사정없는 불 비틀거리는 불 맹렬한 불 취한 불 흐느끼는 불 눈먼 불, 흙의 아이가 불에 놀라 울고 불은 불대로 놀라 우는데 들어간 불은 나오는 길을 몰라 불이 흙을 찾고 흙이 불을 찾는데, 불은 불이 아니니 너는 불을 불이라 생각지 말고 불의 강을 건너라 흙 속에 갇힌 불 불 속에 갇힌 흙 흙과 불이 서로를 좇아 서로를 건너야 하니 그 불 다 먹고 와야 하니 불이 죽으면 네가 살 수 있는 것을, 잠들지 마라 마디마디 육신 다 굽히고 이 세상 것도 저세상 것도 아니어서 마침내 옹기가 될 때까지 혼을 놓지 마라, 흙의 아이여

제3부

담쟁이는 동물성일까

낮은 포복으로 더듬어간다 푸른 촉수로 수직을 움켜쥔다 너는 여백을 삼키고 초록 붓질을 해나간다 파충류의 비늘처럼 무성한 이파리 꿈틀거리며 뻗어가는, 네 속에는 절벽을 타는 산양의 유전자가 엿보인다 길이 아닌 길 위에서 기어가는 방식 하나만으로 영토를 넓혀가는 개척자, 너는 노래를 부르며 가고 있느냐 바다를 보고 싶어 하는 몸짓도 저렇게 파도칠 테지

그러니까 나는 초록 말을 타고 허공을 질주하고 있는 것이다

프리지어 해변

프리지어 꽃잎에 아득한 해변이 있다
금모래가 끝없이 펼쳐진 요새,
꽃다발을 태양의 각도와 맞추었을 때
숨겨진 해변을 발견할 수 있으므로
대낮에도 은하수가 별의 씨앗 한 광주리를
내 정수리에 쏟아붓는 일이 가능했다

프리지어는 본래 사람 이름이어서
프리지어, 라고 부르면
세상의 모든 노란 꽃들이 뒤돌아본다
그 현기증은 태초의 혼돈이다
지상의 집집마다 봄의 기원이라는 문패를 단다

가난하다고 말해서는 안 되지만
나는 아직 프리지어 해변에 서 있다
노란 파도에 발을 담갔다가
시엔*의 뜨락에 발자국을 꾹꾹 찍고
노란 물결을 뒤집어쓴 채

수평선을 향해 손 흔들고

그린 압생트를 폭음한 고흐에게
해바라기와 밀밭과 별이 창궐했듯이
이 계절을 '아름의 증상'이라 이름 붙여본다
온몸에 별 가루를 묻히고
캔버스 위를 굴렀는지, 어쨌든
그가 가난했다고 말하기보다
이 시간은 프리지어…… 프리지…… 프리라고 하자

프리지어 한 아름을 블루 화병에 꽂으니까
지중해 위에 프리지어가 만발한다

세상 모든 꽃은 외향적이면서 극단적이다
해변을 잠식하는 노란 벼락 범람하는 향기,
시들지 않는 미술관이
당신을 품고 있다

---

*고흐의 연인.

연경* 추성부(硏經秋聲賦)

하나, 가을비

가을비는 입은 일 없고 벗은 때도 없이 적나라하게 오고
가을비는 아무 말한 적 없고 운 일도 없는 소리로 오고
흠 있는 기쁨을 오래 안아준 뒤 돌아서는 발자국,
가을비는 올 줄을 알아도 가는 길을 몰라
가도 가도 가지 못할 길로 가고

둘, 절벽은 가슴이 없다

아득한 제 발등을 내려다보지 않으려고
두 눈을 진작 뽑아버렸다
덜렁거리는 양팔은 군더더기여서
향기롭게 잘라냈다 그러나
차가운 기운이 살과 뼈를 찔러도**
절벽은 절벽에서 뛰어내릴 수 없다

셋, 파도

파도는 자신이 해변에 몇 번 밀려왔는지
헤아릴 필요가 없다
최선을 다해 밀려오는 것만이 파도의 일이므로, 라고
적어놓고 보니
익숙한 얼굴이다
누가 먼저 썼는지 알 수가 없다
내가 누구인지 나도 나를 모르는,
지금은 무량(無量)한 가을 하늘이다

---

*연경: 대구 소재 지역.

**구양수,「추성부」중에 기기률렬 폄인기골(其氣慄冽 砭人肌骨).

새가 돌아오다

숲속에 드니 새소리가 푸르렀다
나는 열매를 땄고 그는 새소리에 대해
풀을 베고 난 뒤에 얘기해주겠다고 했다
높이 달린 큰 열매를 따려고 나무에 올라
새처럼 노래하며 나는 둥지 하나도 지어보는데
꿈은 공중에서 흩어지는 새소리와 다르지 않았다

수레 가득 열매를 싣고 오다가
우리는 이승의 목이 말랐으므로 커피숍을 찾았다
들어가서 보니 환조당(還鳥堂)이라는 편액이 걸려 있다
도시에 새가 돌아오는 곳이 있구나
내가 전생에 새여서 환조당에 온 것일까
환조당에 들어갔으므로 그가 새가 된 것일까

나는 미황사에는 새들이 주지고
새소리가 목탁 소리고 경전이라고 했고, 그는
젊은 날 어느 암자에서 하룻밤을 묵는데
새벽에 너무나 많은 새가 울어

깨어보니 자기도 울고 있더라고 했다

환조당에 들어오지 않았다면
깜빡 새소리를 잊고 헤어졌을까

애써 무겁게 가져온 열매를
집에 와서 펼쳐보니 버려야 할 것이 많았다
눈부신 시절의 열매, 각주 같은 열매
해후의 열매, 잘 익은 열매들만 골라
그 숲에서 울던 새소리와 함께 병에 넣어
술을 붓고 밀봉했다 병에 날짜를 적고
환조당이라 이름 붙였다

흰무늬애저녁나방

사전의 숲에서 애저녁을 찾다가
숲 그늘에 소복이 앉아 있는
나방 떼를 발견했다

진달래가는나방 곧은띠비단명나방 떠들썩짤름나방
네눈은빛애기자나방 날개물결가지나방 머루박각시나방
흰무늬애저녁나방 노랑목저녁나방 은무늬밤나방

아무도 다녀간 흔적 없는 곳,
긴 밤에도 나는 나방 이름을 다 외울 수 없겠지만
나방은 넉 잠에 든 듯 미동이 없다
누가 잃어버린 지도거나 암호거나
날개마다 다 다른 미로들
추상화 한 점씩이 거기에 있다

나방은 나비목 나방아목이라서
나방은 나비가 아니므로 나비가 아니다
번데기가 변하여 아(蛾)가 되는데

날개를 위로 접으면 호접(胡蝶)이고
날개를 드리우면 아(蛾)라고 한다
아(蛾)는 비로드 같고 부드러워 보이고
어떤 큰 것은 무섭다

죽은 듯이 엎드린 너는 시절을 버리는 맹인 검객,
저 잠을 깨우는 이는
온통 날개 가루를 뒤집어쓰고 눈이 멀겠다

종이의 숲을 덮고 조용히 돌아 나오니
사전도 두 날개로 드리워져 있다
너는 두껍고무거운언어의집사각나방
나는 적막에 앉아 두무언집사각나방 날개를 뒤적이는
독거반백무늬애저녁나방

돌아올 길 없이,
먼 어둠 속으로 날아가고 싶은
추상화 한 점이다

밤이면 소리 내어 우는 물고기

아들 많은 집의 몇째 아들 이름 같은
아들 요즘 뭐 하느냐고 물으면 군에 갔다고 할 거 같은
그 군에 같은 이름이 여럿 있을 거 같은
부귀와 출세는 멀 거 같은 이름, 성대

주황색 몸과 청록색 바탕에
코발트블루 점 여러 개 별처럼 맺힌 날개를 가졌고
다리를 가졌고
밤이면 소리 내어 우는 물고기
성대가 있다

수심 육백 미터에서 서식하는 성대,
죽도시장 고무 대야의 수심은
수심(愁心)이 까무룩 깊다
주인 노파가 물속에 담긴 성대를 잽싸게 움켜쥐고
목을 딴다
성대가 성대(聲帶)를 잃는다

김성대 이성대 박성대가 성대하게
회 떠 먹고 구워 먹고 튀겨 먹고
매운탕 끓여 먹었을,
너의 이름은 언제까지 성대일까

어느 항구의 맵고 뜨거운 골목에서
성대야, 하고 부르면 뒤돌아볼 거 같은
너는 노래와 날개를 얻기 위해
이 세상에 또 다녀갔구나
코발트블루 점 여러 개 별처럼 맺힌 깃털이
허공에 흩어진 것을 보니 알겠다

구월의 새

창밖에 새 한 마리 울고 간다

달력을 쭉 찢는 소리
물고 가던 구월을 툭, 떨구는 소리

허공의 눈을 뚫고 수직으로 날아가는 새
통째로 비수 한 자루다

마지막 헹구어야 할 미련을
변명이 남아 있는 지난 계절을

새는 울음 몇 조각을 흩고
더 버릴 것 없는 몸이 된다

그렇게
구월이 가는 소리를 들었다

숙다방
— 예버덩 시편

집을 나와 떠도는 객들이 읍내에서 저녁을 먹은 뒤
숙다방을 찾아 나섰다

강원도 횡성군 강림리는
아직 고전적인 밤을 유지하고 있었다
검정 어둠이 손끝에 묻어날 듯하고
먼 데 글썽이는 별빛도 아릿해서
숙다방은 근처에 있을 게 분명했다
행성들이 쉬어가는 어디쯤,

쑥이 아니고 숙(淑)
맑을 숙 착할 숙 사모할 숙 아름다울 숙

낮은 불빛 속에
푹신하고 겸양한 무채색 소파가 있고
없으면 섭섭할 컬러 프린트 그림 몇 점 구색으로 걸려 있고
한 세월 단물 쓴물 다 끓였을
연탄난로가 늦가을의 객들을 반기는

숙다방은
스타벅스나 엔제리너스가 와도
다방의 정통성과 권위를 잃을 바가 아니었다

경숙 근숙 기숙 남숙 동숙 말숙 명숙 미숙 민숙 병숙 상숙
선숙 성숙 영숙 용숙 윤숙 인숙 정숙 종숙 중숙 진숙 태숙
현숙 해숙 혜숙
이 중에 그녀의 숙이 있을까
마담은 쉽게 웃음을 팔지 않는 표정으로
노른자 띄운 쌍화차 여덟 잔을 바삐 내왔다

우리는 휴대폰으로 '목마와 숙녀'를 듣다가
더러는 '사랑은 늘 도망가'를 따라 부르다가

갑자기 여기에서 시화전을 열자고,
낭송회를 하면 좋겠다고 이구동성 했다
초저녁 거리에 사람 하나 없는

휑한 횡성 골짜기까지 누가 와줄지 모르겠는데
이곳을 무슨 다방 무슨 다방
다방 테마 지역으로 만들면 또 어떻겠냐며
진도가 점점 가관이었다
숙다방 마담에게 물어보지도 않고 말이다

유구한 목마와 불멸의 숙녀는 잘 있는지,
쌍화차 여덟 잔 값을
죽은 박인환이 와서 내주면
더없이 좋을 밤이었지만 말이다

---

*횡성에 있는 문학의 집.

한 소솜 빗줄기가 지붕을 때리며 지나가는 밤
— 예버덩 시편

트렁크 끌고 강원도 골짜기에 왔다
여기서 잠복근무를 하면
시의 첩보원을 만날 수 있을까

주천강 지류가 소살소살 흘러가며 시를 쓰고
강가 돌들이 묵언수행 시를 쓰고
아직 해사한 청화쑥부쟁이가,
무성한 잎들이 찰랑찰랑한 산뽕나무가,
빈터에 무심히 놓인 책걸상들이 시를 쓰고

가문비나무가 시를 쓰고
두 나무에 매어놓은 느슨한 빨랫줄이
꽃대에 맺힌 씨앗과 늦가을 시들어가는 들풀이
잣송이 떨어지는 소리가, 밤에는 고라니가
저마다 시를 쓰고 있네

나도 시 좀 써보려고
가문비나무 아래를 걷다가

강물 소리 들으며 돌에게 말을 걸다가
흔들 그네에 앉아 햇볕에 졸음 겨우니
내 시는 도통 입질을 하지 않네

미운 사랑 시의 간첩아
너는 어디에서 길을 잃고 배를 곯느냐
살아도 같이 살고 죽어도 같이 죽자고
한 소솜 빗줄기가 지붕을 때리며 지나가는 밤
비 맞은 중처럼 중얼거렸네

소리 소문 없이
새벽 물안개가 저리도 무정하게 지폈다
수묵의 시가 만 폭이다, 그런데
읽는 법을 모르겠네
앞이 캄캄하다고 해야 하나
너는 뼛속까지 하얀 짐승, 이라고 써야 하나

흔들 그네
— 예버덩 시편

저 오롯한 기다림의 자세는 모성을 닮았다
스스로를 흔들 수 없지만 바람이 세차게 부는 날이면
그네는 제 자신의 무게를 삐걱삐걱 실어보겠지

이 영혼의 무릎에 앉았다 간 사람들을
흔들 그네는 다 기억할까

가을 잠자리가 그네에 앉아 졸고 있다
마른 나뭇잎들이 그네 위에 내려앉는다
부처가 오면 부처를 태워주고
예수가 와서 쉬면 자장가를 불러주는,
그네에게 물어보니
어젯밤에는 두 분이 함께 다녀갔다고 한다

빈 그네의 뒷모습을 보면
그네가 그네에 가만히 앉아 무얼 생각하는 것 같다
조용히 다가가 그 어깨에 손을 얹어주고 싶다
그네는 '그'이기도 하고 '그니'이기도 하고

흔들 그네를 오래 타다가, 방에 와서 눕는데
방이 흔들리고 천정이 흔들린다 내가 흔들린다
방이 그네인가 내가 그네인가
허공이 닳도록 오르내리며 살아온 것들의
또 다른 이름이 그네일지도 모르겠다
그네, 나 그네, 나그네

인간의 강
—들라크루아, 〈민중을 이끄는 자유의 여신〉

여신이 강림하셨는가
민중을 이끌었으므로 여신이 되셨는가, 어쨌든
인간의 문제에 개입한 신은 흔치 않으나
혁명이 필요한 세상을 외면할 수 없어
여신은 맨발로 봉기했다

인간의 천적은 인간이라는 걸 신은 알까
한 번은 건너야 할 강이지만
어쩌면 영원히 건너지 못할 강
하여, 혁명은 반복되고
서로가 서로를 쏘고 찌르며 벤다
포효가 캔버스를 찢고 뚫고 나온다
낭자한 주검들은 강에 들에 흘러 혁명의 거름이 되고
그 영양분으로 꽃 피우고 열매 맺은 것이
자유라는 외투이다
우리는 모두 그들의 피와 뼈를 입고 있다

체 게바라는 "인간에 대한 관대함 없이는 진정한 혁명가가 될 수 없다."고 했고, D.H. 로렌스는 "혁명을 하려면 웃고 즐기며 하라, 사람들이 밉다는 이유로 혁명에 가담하지는 마라."고 썼다

좋다 그렇게 하자, 그러나
인간의 적이 인간이 아니면
애초에 혁명도 신도 필요 없고
바쁜 여신이 지상에까지 내려올 일도 없는 것을,
내가 이 시를 쓸 일도 없을 것을

어떤 신은 죽자고 이웃을 섬기라 했지만
인간들은 곧 죽어도 더럽게 말을 안 듣는다

여인이여,
돌아갈 때는 이 비극 다 가져가기를!

사람의 시절

트레몰로 전주가 온몸에 번질 때, 그때는 신도 어려서 뭘 알았겠어 귀가 한 개 달린 인간들이 사는 곳에 귀가 두 개 달린 인간이 가면 두 개 달린 게 병신이야 세상은 귀가 없거나 귀가 세 개 달린 인간이 지배한다네 불이 나고서야 뛰쳐나온 신은 늙고 병든 그림자더라 얘야, 그림자도 늙으면 눈이 멀어 앞이 안 보인단다 내가 짐승인지 속씨식물인지 나도 어떻게 알았겠니 사람들은 모두 작은 먼지거나 조금 큰 먼지 웃는 먼지거나 우는 먼지인 것을, 뭉게구름 아래 사철 없이 애증의 꽃 피고 지고 지고 피는, 여기는 사람의 시절인 것을

꽃의 행로

꽃의 간과 쓸개는 어디에 있습니까
꽃이 꽃의 간과 쓸개일까요

모가지 끝에서 흔들거리는 이 물컹한 것들
만지면 멍드는 것이 꽃의 이유일까요

*꽃은 입이 없고 타고 갈 기차도 없다**

그러니까, 막차를 보낸
간이역이 한 송이 꽃이란 말인가요

나는 아직 꽃의 이름을
얻지 못했습니다
당신과 수분(受粉)하지 못했습니다

맺기 전에 떨어질 거 같아요, 나는

---

*자카리아 무함마드, 「꽃」에서 차용.

등대

등대는 바다라는 책 한 권만 바라본다 갈마드는 너울 문자와 해무의 고전까지 이미 다 외웠거나 눈을 감고도 알 터인데 삼백예순여섯 나날 읽고 또 읽는다 따스한 불빛 밑줄을 쉼 없이 긋는다 새벽 수평선 위에 피어나는 별꽃 같은 귀항이나 만선의 구절을 발견할 때면 등대는 눈시울이 젖기도 했을 것이다 그 고단한 내용을 맨발로 달려가 안는다, 등대는

제4부

태초의 봄날

미움이나 다툼이거나 모든 것은 서로의 일부다 겉으로 화를 내지만 안으로 이기지 못할 때, 당신이 고전적인 방식으로 나를 찾았기에 나는 유물을 발견한 듯 경이로웠다 우리는 복사꽃을 중심으로 다시 결집했다 첫 봄 첫 복사꽃 공동체가 결성된 것 당신이 그러하듯 복사꽃은 멀리에서 어디에서 봐도 복사꽃, 속이거나 감출 수 없다 둥근 낮달이 높이 뜬 날 우리는 도원(桃源)이 펼쳐진 윗마을까지 오래 순례했다 묵묵히 천국을 배웠다 복사꽃이 지고 나면 나는 당신의 복숭아 당신은 나의 통조림 당신은 나의 잼 나는 당신의 꽃잠, 후일 여기 어디쯤 꽃나무 아래 먼저 재가 된 사람이 묻혀 뒷사람을 기다리는 낭만도 있으려니 복사꽃의 역할이 공동체의 전부를 지탱해 주던, 그해 사월은 태초의 봄날이었으므로

불로고분군(不老古墳群)

언덕 위 옛 무덤들
굽이굽이 물결친다

고분(古墳)은 고분(孤憤) 같아서
손바닥 가득 떼를 쓸어내려 보는데

새소리가 어디까지 우리를 데려갔는지

당신은
나무 그늘에서 홀로 비파를 탔다 하네
천년의 저쪽에서, 나는
당신에게로 오고 있었겠지

꽃무릇 군락지가 하염없이 바람에 흔들렸던가
당신 무릎에 누워 바람의 노래를 듣는

이곳은 노을이 좋은 곳

적막의 해저까지 서쪽이 붉게 스밀 때면
슬픈 무기를 버리고 항복하고 싶어

죽은 것이나 산 것이나 같이 누워
별을 보는, 여기는
크고도 아늑한 하나의 무덤인 것을

자작나무의 세계

그 숲속을 걸어갈 때 자작자작
심장이 타들어 갔어
자작나무 한 그루 한 그루가 첨탑 사원이었어
흰 종소리가 북방을 넘을 때
우리는 지도에 없으니까 나는
잔가지 많은 기도를 감싸 안았고
당신은 그 숲에 이국을 세웠지
수피를 가리키며 노출 콘크리트 기법이라고 하자, 당신은
바람을 흔드는 나무라고 했지
찬란하게 나부끼는 이파리들
봐, 눈부신 오르가슴의 순간을……
가을엔 금빛으로 전율할 거야
눈 내리는 무덤 속에서 자작나무를 태워 밥을 짓자고
그래그래, 하얀 직립의 상류를 따라
당신 이마에 오래 입 맞출 때
자작자작 타오르는 자작나무의 세계
우리의 경배가 열렬(熱烈)하고 열열(咽咽)했으므로
그건 백 년을 살고 죽는 자작나무만 안다고 해

희고 환한 세상은 저 흰 몸의 숲뿐이듯
그래, 조금만 더 걷자
아직 남아 있는 저 노을까지

자두나무 빨래판

물의 악기도 타악기도 아니고
술대로 갈비뼈를 긁어내리면
오랜 물소리가 날 거 같아

내가 빨래한 옷을
당신이 차려입고 나갈 때
나는 물기를 말리며 명상했지

*빨래판은 아모로스 왕국에 남겨진 첫 발자취**라고 해

당신은 알까 내가 자두나무였다는 것을,
우리는 칠월의 눈빛으로 자두를 먹었지
여름날 바람 소리 아직 내 뼛속을 흔들고

누가 내게 푸른 물감을 칠해주면 좋겠어
푸른 물결무늬 빈 배가 되어
먼 바다로 흘러가고 싶어

백 년쯤 지나면 내력은 희미해질 거야
이름이 뭔지 무엇에 쓰는 물건인지,

누가 연주를 해주면 좋겠네
매부리바다거북 등껍질로 만든 활을 쥐고 밤하늘의 연주를,
별들이 은하수에서 도란도란 빨래하는 소리를

* 웹소설「다나카 타다시 건국기」에서 차용.

이별에 대하여

이 별에서 이별한 지 오래되었다
나는 눈을 뜨고 있는데
이별의 바늘귀에는 슬픔도 들어가지 않는다
저물녘 비가 오고
흐린 창밖 강둑에 누가 걸어가고 있다
두 팔을 휘젓고 하늘에 삿대질하며
비틀비틀 가는 모습이
이 세상 사람이 아니다

손에 흔들리는
저 검은 비닐봉지에는 무엇이 들어 있는지
이별이 오천 원어치 들어 있을까
삼키다 남긴 별의 가시가 들어 있을까
설마, 이별의 모가지가 들어 있는 건 아니겠지

겨울은 상여처럼

누가 붙들고 있나 이 겨울을, 무겁게 내려앉는 검은 구름 겨울에서 나가는 문이 없고 밀어볼 겨울의 등이 안 보이고 겨울에 갇힌 산책자, 돌부리에 걸려 오가지 못하는 상여처럼 상여는 여름에도 길바닥에 얼어붙곤 했으니 나아가지 못하는 것에는 무채색 미련이 있다 오색 종이 꽃송이들 칼바람에 파닥파닥인다 앞마당에 살구나무 당신이 올해 겨울은 너무 길고 춥다고 매김소리를 하자, 까치가 동동 얼어 죽어 굴러다니던 옛날보다는 낫다고 뒷마당에 대추나무 내가 받는소리를 했네 가고 없이도 서로 말하던 풍경이 그리웠네 누가 보내지 못하고 있는 걸까 나는 겨울 속을 계속 산책한다 겨울은 거대한 상여 한 채 같고, 천장이 아득하고 어디에도 손잡이가 없고, 이상하지 떠도는 북풍의 구음이 내 귀에만 들리는지

---

*'앞마당에 살구나무 뒷마당에 대추나무'는 상엿소리에서 차용.

바깥이 밤의 안쪽을 흔들어

누구에게 연락이 좀 왔으면 싶을 때가 있고
그런 날은 하루 종일 아무 연락이 없다

바람이 오고 새소리가 오고
꽃이 있고 노을이 온다, 왔다 간다
꽃은 사막의 문 앞에서 떠나지 못한다
본래 거기 있었으니

해가 지고 어둠이 올 때도
연락이 닿지 않아, 기다림을 길들인다
그런 날은 광고도 부고도 안 온다

한 사람을 얻기 어렵다
한 사람뿐이니까

너에게 하는 말은 내가 내게 하는 말
너에게 하는 욕은 내가 내게 하는 욕

돌아오지 못하는 나는
밤새 불을 켜놓고
간절히 놓기 싫은 것은 놓아주어야 하기 때문에 생기는
습지라고……

바깥이 어둠을 흔들어
밤의 안쪽이 낙화에 쌓이다

부처는 이모의 장례를 치르고

언젠가 써둔 문장,

부처는 이모의 장례를 치르고
부처는 이모의 장례를 치르고

살도 뼈도 없는 문장이 느닷없이
불쑥불쑥 떠오른다

나는 지옥을 치르며
겨울이라는 질병을 앓는다

찬바람 속에 부처와 부처의 이모와 내가 서 있다
함께 아니어도 될 두 영혼이 불려 나와
같이 떨고 있다

부처는 이모이자 유모인 대애도 비구니의 장례를 손수 치렀다

장례 치를 평상과 기름과 꽃과 향과 수레를 구해
교외의 화장터로 향하였고
찬다나 섶나무에 불을 붙여 이모를 화장했다

살가죽과 뼈가 맞붙은 겨울 들판
불씨 하나를 당기면 다 타버릴
풍경 위를 철새들이 날아간다

나는 다만, 아무 뜻 없이
부처는 이모의 장례를 치르고, 라고 썼고
그 문장에 기대어 견디는 나날이다
남의 이모 장례식을 핑계로 얼마나 울어서
상조 국밥에 콧물을 빠뜨리는 겨울날이다

반가사유 토르소

허공이 낳은 단단한 질문입니까
구름이 떨어트린 답입니까

팔에 싹이 나면 새들이 쪼아 먹고
다리에 움이 트면 짐승들이 뜯어먹으니
팔다리가 붙어 있을 틈이 없었겠다

한 덩이 결핍입니까 알맹이입니까
가다가 쉬고 있는 나그네입니까
먼저 와서 기다리는 미래입니까

그냥 돌이라고 하면 안 되느냐고 물었다
무게를 견디지 못하면
견디지 말고 들고 있지도 말라고 한다

내가 안중에 없습니까
눈이 없으니 눈에 뵈는 것도 없습니까

대답 없는 돌덩이를
아득한 벼랑 아래로 걷어차 버리고

버리고
돌아서 보니 내가 없다
아니, 내가 어디로 갔지?

지금 내가 떨어진 겁니까
아니, 당신이 또 나를 걷어찬 겁니까

비의 계절

땅 위의 물이 공중으로 날아오를 때
물은 비가 되어 다시
땅으로 돌아오게 된다는 걸 알까
구름이었겠으나 허공중의 어디에
이 많은 물이 떠 있다가 끝없이 쏟아지는지
첨단 휴대폰을 쓰면서
나는 고대의 비에 빠져 있다

먼 곳엔 강물이 콸콸콸 불었겠지
발목을 담그며 강을 건너던 사람들은 길이 끊겨
거센 강물 소리에 밤을 뒤척이겠구나

오래 왔으나 들어오지 못하고
문밖에서 우는 저 빗소리가 당신 같아
나도 내내 잠들지 못한다
당신을 업고 물속을 흐른다

비의 계절,

사람들은 우산을 쓰고 모자를 쓰고
안경을 쓰고 바삐 지나간다
산나리 원추리 배롱나무 꽃들이
숭고하게 비에 젖고 있다

해

해를 부른다

모르고 부른다 말이 가닿지 않는다는 것을, 불렀다 해가 보이지 않는다 해가 떠오르지 않는다

부르는 것을 잊을 때 해가 해의
말을 밀어 올린다

말이 조금씩 커진다 해의 말을 알아들을 수 없고 해의 말은 나의 말 속에서 가능하고

벌겋고 물컹한 말들

말들이 조금씩 둥글어진다 움직인다 해의 말이 빠르게 미끄러진다 한 덩이, 덩이째 뜨거운 말 할 수 없는 말 이글거리며 주름진,

말이 다시 닫히려 한다 닫히고 있다

그래, 해

닫히기 전에, 내게 해, 말해, 어서 다, 해

봄의 증명서

동사무소 직원이 봄까치꽃과 광대나물로 바뀌었다 주민등록등본을 떼보니 쑥과 냉이가 동거인으로 얹혀 있고 가족관계증명서 부모란엔 동백과 매화가 적혀 있다 초본이 궁금해 물어보니 그건 청보리밭에 가서 떼보라고 한다 그동안 옮긴 주소가 갈래갈래 아지랑이 들길을 만들었구나 잃어버린 길, 안개가 되어 도망 다니던 길도 있었지 소득이 없는데 부채증명서에 담긴 저 빚은 뭘까 한 아름 넘치도록 안겨주는 봄빛일까 명자꽃 조팝꽃 문서가 눈앞에 쌓였다 봄 수주가 폭발하는 물량이다 나도 어서 푸른 여권으로 바꾸어야겠다 꽃마리와 손잡고 모란행 비행기를 타야지 아몬드꽃 피는 마을까지 날아가야지

해설

무지개 건너에는 꽃다발이……

장정일(시인)

새로 나오는 사윤수의 세 번째 시집 원고를 읽으면서, 먼저 나온 두 권의 시집을 다시 읽었다. 젊은 시인의 시는 아직 굳어 있지 않기 때문에 흥미롭다지만, 시인은 확고한 자기 목소리를 가지고서 첫 시집 『파온(婆媼)』(시산맥사, 2012)을 냈다. 시인의 개성이 시작부터 뚜렷했다는 것은, 두 번째 시집 『그리고, 라는 저녁 무렵』(시인동네, 2019)을 읽으며 더욱 명백해진다. 시인의 개성을 확립시켜준 여러 특징 가운데 하나는 의태어·의성어와 동음이의어를 이용한 시적 전개다. 평판 높은 시인의 등단작 「청자상감매죽유문장진주명매병의 목독(木牘)」을 비롯해 「12월의 화살나무」, 「파온」, 「별미」, 「늪에 스미다」, 「나는 사교적인가」(이상, 첫 시집), 「비꽃」, 「방어(魴魚)」, 「꽃마리」, 「그 겨울 저녁 무렵 허공에 까마귀 떼가 서부렁섭적 세발랑릉 흑랑릉 날아들어」(이상, 두 번째 시집) 등에서 그런 특징을 볼 수 있다.

의태어·의성어와 동음이의어를 자주, 그리고 잘 활용할 줄 아는 시인의 특징은 세 번째 시집 『앵두가 쥐여준 씨앗 한 되』에서도 심심치 않게 발견된다. 시집의 맨 앞에 실리는 시는 누구나 공들여 선택하는데 시인이 이 시집 맨 앞에 「수국은 누구의 눈매라고 해야 할까」를 실은 데는 충분한 이유가 있다. 전문을 보자.

> 현무암 담장 곁에 만발한 파도는 수국(水國)에서 수국(水菊)으로 건너온 유월이다 오면서 흩어지고 남은 꽃잎의 안팎을 누구의 눈매라고 해야 할까 수국은 나비의 씨앗까지 품고 있었는지 저리 흰나비 떼 피웠다 그리고도 오종종 쑤국쑤국 부풀어 제주어를 발음하고 저희들끼리 둥근 귓속말을 한다 꽃도 무거울 땐 휘어져, 흰 꽃숭어리들은 순한 개가 새끼를 낳은 거 같고 몽실몽실 흰둥이 열댓 마리쯤 낳은 거 같고 수국은 젖이 퉁퉁 불은 포유류 같다 다정히 안아보려 하자 나비 떼 화르르르 날아오르는데 내게 잠시 맺혔다 떠난 일들은 모두 수국(水國)에서 온 꿈결이라, 수국(水菊)은 질 때 거품처럼 사라지곤 했다
>
> —「수국은 누구의 눈매라고 해야 할까」 전문

비록 의성어가 빠져 있기는 하지만 수국(水菊)에서 수국(水國)을 만들어낸 동음이의어 놀이와 몽실몽실, 화르르르 같은 의태어의 활용에는 시인의 서명(signature)이 새겨져 있다. 이 시가 시집의 첫 번째 시로 간택되었던 이유다. 재미있는 것은 "쑤국쑤국"인데, 이 정체불명의 말은 수국(水菊)에서 수국(水國)으로 이어진 동음이의어의 놀이의 연장이면서 '쑥쑥' 자라는 모습을 형용한 의태어 역할까지 겸하고 있다. 말이 나온 김에 덧붙이자면, 시인은 사전에 없거나 있더라도 일상에서 사용하지 않는 단어로 독자를 곤경에 빠트리는 일이 있다. 첫 시집의 제목으로 사용된 파온(婆媼)과 첫 번째 시집에 두 번, 두 번째 시집에 한 번 사용된 된 "몌별(袂別)"이 후자라면, 첫 번째 시집 속의 시 제목인 '비매(祕梅)'는 전자다. 뒤에 다시 거론되겠지만 낯선 단어와 조어(造語)는 시인이 품고 있는 어떤 충동과 상관된다.

의태어·의성어와 동음이의어 놀이를 어수룩이 사용하거나 남발하면 정서적·시적 밀도를 느슨하게 만들지만 시인이 그런 혐의를 받을 정도는 아니다. 이번 시집에 나오는 "그네, 나 그네, 나그네"(「흔들 그네-예버덩 시편」)같이 김빠진 경우도 어쩌다 있지만 시인은 딱 필요한 만큼 그리고 있어야 할 자리에 정확하게 그것들을 배치한다. 궁금한 것은 시인이 정서적·시적 밀도를 해칠 위험성을 무릅쓰고 이런 특징을 멈추지 않고 밀고 나가는 이유다. 일반적으로 시인들이 의태어·의성어와 동음이의어 놀이에 적극적일 때는 두 가지 이유를 꼽을 수 있다. 사전에 등재되지 않은 세계 혹은 언어 이전의 원형적인 세계를 되찾아보겠다는 의지와 세계를 자기 식대로 만들어보겠다는 결기. 현재의 세계가 잘못되어 있다거나 나의 삶이 위태롭지 않으면 이런 결기가 생겨날 리 없다.

시인들은 세계를 기쁨이 충만한 향연으로 느끼기보다 비관적으로 보는 것에 더 기울어져 있고 거기에서 깊이를 찾는다. 기쁨을 노래하는 시인은 얕을 뿐 아니라 시인이 되어야 할 필연성이 모자라는 것처럼 보인다. 같은 말이지만, 시인은 세계와 자신이 맺고 있는 관계를 긍정적으로 파악하기보다 부정적으로 파악하는 것에 더 예민하다. 그런 점에서 사윤수는 정통 시인임이 분명하다. 이번 시집의 제목이 나오기도 한 「시가 너에게」에서 시인은 "눈물 석 동이가 너의 시"라고 말하기도 한 바, 그에게는 삶이 즐거움보다는 슬픔에 더 가까운 모양새를 하고 있다.

> 배운 것이 슬픔이고 기껏 주워온 것도 슬픔 한 포대, 어디 내다 팔 곳 없어 가슴 마루에 던져놓고는, 불쌍해 다 버리기에도 아까워 이리저리 슬픔을 흩어놓고 쓸 만한 것들을 골라보는데 그중에 귀한 슬픔, 다듬으면 더 이상 울지 않을 슬픔들은 골라 널어 말린 뒤 차곡차곡 싸서 깊이 넣어두고, 나중에는 어디에 넣어두었는지도 몰라 잊어버릴

때까지, 잊는 날도 오겠지 하면서

—「슬픔 한 포대」 전문

시인은 슬픔을 어디론가로 치워버리고 잊고 싶어 하지만 "아침에 눈을 뜨면 슬픔이 먼저 출근해 복무하고 있다"(「단골과 목어」)는 시구를 보면 시인의 슬픔은 어떤 장소에 치워버릴 수 있는 게 아니다. 시인을 꽉 잡고 있는 "슬픔의 황제"(「이희(李喜)」)는 녹슬지도 썩지도 않는다. 시인으로 하여금 삶을 슬픔과 뗄 수 없게 만든 체험은 무엇일까. 체험의 뿌리를 모르면 시인을 온전히 이해하기 힘들다.

시인은 "내 고향은 경북 청도군 화양면 남성현이다."라고 쓴 어느 에세이에서 초등학교 5학년을 마치는 겨울방학 때 가족과 함께 대구로 이사를 왔다고 적고 있다. 남성현에서 자란 12년간의 유년을 결코 잊을 수 없다고 말하는 시인은 첫 시집에 나온 「지붕을 잃어버리다」를 설명하면서 "명지바람 발밤발밤 지붕 위를 거니는 소리, 자드락비 떨어지는 소리, 감또개 똑또그르르 굴러 내리는 소리, 그 우주의 초침 소리가 나를 키웠"다고 고백하고 있다. 앞서 의태어·의성어와 동음이의어 놀이가 시인 일반에게 의미하는 바를 추측해 보기도 했는데 사윤수에게 의태어·의성어는 추억의 육화이자 고향의 재현이다. 그러나 원고지 17매 분량의 이 에세이는 매번 "불안"과 "고난이 또 업그레이드"(「내일은 말이 없고」) 된다는 시인의 비관적 세계 인식이 비롯된 체험의 뿌리를 보여주지 않는다.

그것을 짐작하게 해주는 것은 첫 시집에 실려 있는 「나의 할머니」와 「갱빈에는 돌도만코-동생 인수에게」 같은 시들이다. 각기 유년기와 장년기에 듣거나 경험한 할아버지와 남동생의 죽음을 기록하고 있는 이 시들은 시인에게 생의 비극적 인식을 안겨준 중요한 요인이 죽음이었다고 암시해 준다. 이런 단정은 두 시집에 실린 시 가운데 죽음이나 사별과 불멸을 파고든 시가 많고, 유독 그 시들이 다른 주제를 다룬 시들보다 더 눈에 띄게 우수하기 때문이다. 이를테면 「청자상감매죽유문장진주명매병의 목독(木牘)」, 「소」, 「자두」, 「갱빈에는 돌도만코-손님」, 「몌별」, 「석양」(이상, 첫 시집), 「목련」, 「저녁이라는 옷 한 벌」, 「북풍」(이상, 두 번째 시집) 등이 그렇다. 이번 시집에서 죽음을 대표하는 시는 「검은 두부」다.

> 검은 두부가 온다 밤마다 온다 검은 두부를 베어 먹고 뜯어 먹고 어떤 이는 손가락 사이로 삐져나오도록 움켜쥔다 검은 두부는 다음 날 아침이 올 때 사라진다 그것은 재고가 없다 해가 뜨고 기우는 동안 어디선가 검은 두부는 다시 생겨난다 누가 검은 두부를 만드는지 낳는지, 어디서 검은 두부가 자라는지 누구도 모를 일 검은 두부는 또 베어 먹히고 뜯어 먹힌다 누구든 검은 두부를 먹지 않을 수

없다 잠든 것들의 눈으로 콧구멍 속으로 검은 두부가 들어 간다 죽은 것들의 입속에도 검은 두부가 가득 차 있다 누가 적게 먹든 많이 먹든 검은 두부는 남거나 모자라는 일이 없다 아무도 자기가 검은 두부를 먹은 줄 모르고, 서로 묻지 않는다 저물녘 흙바람 불 때 눈물이 맺히는, 잊지 못할 누구를, 찾아야 할 무엇이 있어 검은 두부는 오는 걸까

당신은 이곳에서 검은 두부를 사거나 팔 수 있습니까

—「검은 두부」 전문

확장 은유의 형태로 여러 사물에 유추되고 있는 검은 두부는 아무것도 지시하지 않는 것처럼 보이지만, 검은 두부가 '누구도 나를 피할 수 없다'고 말한다는 것만은 명료하다. 누구도 피하지 못하는 것으로는 죽음뿐이 더 있겠는가. 시인이 간접적으로 듣거나 직접 치른 할아버지와 남동생의 죽음은 시인에게 생의 유한성을 일깨워주었고 그것이 삶을 슬픔으로 물들인다. 유의해야 할 점은, 살면서 누구나 간접 체험하게 되는 흔한 죽음이 사윤수에게만 더 깊은 흔적(바로 시 쓰기일 것이다!)을 남기게 된 것은 혈육의 죽음 이전이나 이후에 시인이 연마한 모종의 교양 체험과 정서적 내통이 있어서다.

앞서 나온 두 권의 시집에 조계사·황룡사지·정혜사지·축서사·대비사·화엄사가 나오고 이번 시집에도 미황사가 나오

지만, 시인의 시집 모두에서 절 이름보다 더 압도적으로 등장하는 것은 불교 용어와 불교적 사유를 아우른 불교 이미지이다. 이번 시집의 어느 페이지를 펼치더라도 독자들은 무구정광다라니경·새벽 예불·죽비·수보리·공(空)·환생·부처·첨탑 사원·행자·지옥 같은 단어와 불교를 떠올리는 잠언을 볼 수 있을 것이다. "내가 누구인지 나도 나를 모르는,/지금은 무량(無量)한 가을 하늘이다"(「연경 추성부(硏經秋聲賦)」), "내가 전생에 새여서 환조당에 온 것일까/환조당에 들어갔으므로 그가 새가 된 것일까"(「새가 돌아오다」), "사람들은 모두 작은 먼지거나 조금 큰 먼지 웃는 먼지거나 우는 먼지"(「사람의 시절」) 같은 시구들 말이다.

부처가 깨달은 다음 대중에게 처음으로 행한 설법이 사성제(四聖諦)로 요약되어 불교의 핵심 교리가 되었다. 그 네 가지 핵심 교리 가운데 부처가 제일 먼저 설한 것이 '생은 곧 고통'이라는 고성제(苦聖諦)이다. 불교는 인간이 사는 세상을 고해(苦海)에 비유하며, 해탈을 하지 않는 이상 이를 벗어날 수 없다고 한다. 시인의 비관적 세계 인식이 의식적인 학습에서 얻어진 것인지 정서적 유대에서 온 것인지는 알 수 없지만 그의 시에 가득한 불교 이미지는 삶을 '슬픔 한 포대'로 여기는 시인의 비극적 세계 인식이 비롯한 뿌리를 만지게 해준다. 불교와 시인의 세계관을 연관 짓는 게 가능할 때 꽃 사태라고 불러야 할 만큼 시인의 시마다 가득히 피어난 꽃보다 더 흥미로

운 이미지도 없다.

불교에서 꽃은 흔하디흔한 상징물이다. 무엇보다도 부처의 생애에서 꽃은 결정적인 고비마다 빠짐없이 등장한다. 부처가 보리수 아래에 좌정하고 이 세상의 이치를 깨닫기까지는 절대로 그 자리를 떠나지 않겠다고 결심했을 때, 죽음의 신 마라가 부처를 방해하기 위해 군대를 몰고 왔다. 썩어가는 시체를 뗏목 삼아 타고 온 마라의 졸개들은 온갖 방법으로 부처를 공격했는데, 대못 박힌 불방망이나 화염이 그의 몸에 닿을 때마다 그 모든 것은 향기롭고 부드러운 꽃으로 변해 비처럼 쏟아져 내렸다고 한다. 이후, 생사로부터 해방되는 깨달음을 얻은 부처가 그 깨달음을 땅 위에 굳건히 세운다는 뜻에서 손가락으로 땅을 짚자 땅이 흔들리고 하늘에서 꽃이 쏟아졌다. 마지막으로 부처가 열반할 때, 그가 누워 있는 자리 위로 때아닌 꽃들이 만발하였고 나무들이 부처에게 구부러지며 꽃을 흩뿌렸다.

꽃은 불교에서 죽음과 삶의 순환을 상징하는 한편 깨달음의 경지를 나타낸다. 부처는 자신의 설법을 듣기 위해 영취산에 모인 수천 명의 대중 앞에 한참이 흐르도록 침묵하고 있다가, 꽃 한 송이를 들어 올렸다. 대중은 그것이 무엇을 의미하는지 몰랐지만 마하가섭만이 그 뜻을 알고 미소를 지었다. 이에 부처는 자신의 깨달음을 가섭에게 맡겼다. 그러고 보니 "하늘과 땅 사이에 꽃비가 내리더니/오늘은 공원에서 소녀를 만났다네"로 시작하는 김만수의 1977년 히트곡 〈푸른 시절〉이 생각난다. 어쩌면 시인도 한 번쯤 흥얼거려봤을 이 노래의 첫 구절은 불교 문화권에 속한 곳에서나 쉽게 생겨나고 즐길 수 있는 이미지이다.

두 번째 시집 어디에서 "신라 땅이라면 어디를 가도 좋지."(「철새도 먹은 적 없지만」)라고 말했던 시인이다. 신라는 고구려·백제·신라 삼국 중에서 불교를 가장 늦게 수용한 나라이지만, 신라 사람들은 불교의 이상향인 불국토(佛國土)를 자기 땅에 실현하고자 했다(그러나 시인이 다른 종교에 배타적이지 않다는 것은 여러 시에서 확인된다). 그런 시인에게 꽃을 노래한 수작이 많은 것은 놀랍지 않다. 「배롱나무」, 「코스모스」, 「보는 것 모두 꽃 아닌 것이 없으며 생각하는 것 모두 달 아닌 것이 없네」, 「기세리 밤벚꽃」, 「부레옥잠화적멸기」, 「비매」(이상, 첫 시집), 「비꽃」, 「목련」, 「물봉선」, 「유채꽃」(이상, 두 번째 시집)이 그러하며, 이번 시집에도 표제작을 포함해 꽃을 소재로 삼은 「참꽃의 까닭」, 「프리지어 해변」, 「꽃의 행로」, 「태초의 봄날」 같은 시가 있다. 이번 시집 맨 마지막에 실려 있는 시를 보자.

동사무소 직원이 봄까치꽃과 광대나물로 바뀌었다 주
민등록등본을 떼보니 쑥과 냉이가 동거인으로 얹혀 있고
가족관계증명서 부모란엔 동백과 매화가 적혀 있다 초본
이 궁금해 물어보니 그건 청보리밭에 가서 떼보라고 한다 그동안 옮긴 주소가 갈래갈래 아지랑이 들길을 만들었구 나 잃어버린 길, 안개가 되어 도망 다니던 길도 있었지 소득이 없는데 부채증명서에 담긴 저 빚은 뭘까 한 아름 넘치도록 안겨주는 봄빛일까 명자꽃 조팝꽃 문서가 눈앞에 쌓였다 봄 수주가 폭발하는 물량이다 나도 어서 푸른 여권으로 바꾸어야겠다 꽃마리와 손잡고 모란행 비행기를 타야지 아몬드꽃 피는 마을까지 날아가야지

—「봄의 증명서」 전문

시인은 이 시에서 유년 시절의 고향을 추억하는 동시에 매번 갱신되는 불안과 고난이 말끔히 가신 미래상(未來像)을 그렸다. 시인은 그의 모든 시편에 깔려 있는 무욕(無欲)과 인내를 통해 불안과 고난의 비극적 세계 인식을 물리치고 고해가 유세하지 못하는 미래상을 엿본다. 이를테면 "오늘로 건너올 수 없는 내일이/무지개 건너에서 꽃다발을 들고 서 있습니다"(「내일은 말이 없고」), "나는 꽃처럼 다시 피지 못하니까/이제 집의 집, 우주(宇宙)로 돌아가는 길이다"(「폐가의 노래」), "우리는 복사꽃을 중심으로 다시 결집했다 (중략) 둥근 낮달이 높이 뜬 날 우리는 도원(桃源)이 펼쳐진 윗마을까지 오래 순례했다"(「태초의 봄날」)와 같은 시구들.

덧붙일 사실은, 시인이 무욕과 인내만 아니라 적극적인 염원을 통해 잃어버린 혹은 도래할 미래상을 구현하려고 한다

는 것이다. 시인이 각별히 아껴 쓰는 낯선 단어와 조어도 알고 보면 비극적 세계를 견디고 좀 더 나은 것으로 바꾸어 보려는 충동의 산물이다. 실은 이 충동은 시 쓰기 자체가 일상 언어에 대한 낯설게 하기이며 시 자체가 조어일 수 있다는 정의 앞에서는 왜소해지고 마는 작은 충동이기도 하다. 하여간 시인의 이 충동은 낯선 단어나 조어뿐 아니라「청자상감매죽유문장진주명매병의 목독(木牘)」,「검(劍)이 빠르면 피가 솟구칠 때 바람 소리처럼 듣기 좋다던데」,「부레옥잠화적멸기」(이상, 첫 시집),「그 겨울 저녁 무렵 허공에 까마귀 떼가 서부렁섭적 세발랑릉 흑랑릉 날아들어」(두 번째 시집),「연경 추성부(硏經秋聲賦)」 같은 기이하고, 의고적(擬古的)이고, 탐미적인 제목을 낳는다. 이 시들은 하나같이 미가 탄생되는 조건인 인내와 미가 가진 영원성, 완벽성, 생사(生死)의 혼연일체를 노래한다.

이번 시집에 실려 있는「옹기를 굽다」는 사대부 계급의 완상물인 청자를 소재로 했던「청자상감매죽유문장진주명매병의 목독(木牘)」과 달리 평민들의 생활용품인 옹기를 소재 삼아, 미와 인내를 통해 비극적 세계 인식을 극복하고 자신의 삶을 예술 작품으로 바꾸려는 긍정적이고 적극적인 충동을 다시 한번 천명한 작품이다.

흙의 아이여, 불 들어가네 사흘 밤낮 불이 들어갈 터이니 눈 감고 죽은 듯이 있어다오 인정사정없는 불 비틀거리는 불 맹렬한 불 취한 불 흐느끼는 불 눈먼 불, 흙의 아이가 불에 놀라 울고 불은 불대로 놀라 우는데 들어간 불은 나오는 길을 몰라 불이 흙을 찾고 흙이 불을 찾는데, 불은 불이 아니니 너는 불을 불이라 생각지 말고 불의 강을 건너라 흙 속에 갇힌 불 불 속에 갇힌 흙 흙과 불이 서로를 좇아 서로를 건너야 하니 그 불 다 먹고 와야 하니 불이 죽으면 네가 살 수 있는 것을, 잠들지 마라 마디마디 육신 다 굽히고 이 세상 것도 저세상 것도 아니어서 마침내 옹기가 될 때까지 혼을 놓지 마라, 흙의 아이여

—「옹기를 굽다」 전문

시인동네 시인선 269

앵두가 쥐여준 씨앗 한 되

초판 1쇄 발행 2026년 1월 16일
초판 2쇄 발행 2026년 3월 11일
지은이 사윤수
펴낸이 김석봉
디자인 헤이존
펴낸곳 문학의전당
출판등록 제448-251002012000043호
주소 충북 단양군 적성면 도곡파랑로 178
전화 043-421-1977
전자우편 sbpoem@naver.com

ISBN 979-11-5896-737-6 03810